TOLÉRANCE

POUR LES OPINIONS,

CONFIANCE

DANS LE ROI.

A PARIS,

Chez **POULET**, Impr.-Libr., quai des Augustins,
n°. 9 ; et chez les marchands de nouveautés.

1815.

TOLÉRANCE

POUR LES OPINIONS,

CONFIANCE

DANS LE ROI.

L'INTOLÉRANCE en matière de religion a causé bien des maux à la France ; le temps a peut-être cicatrisé les plaies qu'a faites à la France la piété mal entendue de Louis XIV, mais il ne les a pas guéries : je crains bien que l'intolérance politique n'en fasse de plus grandes encore.

A quoi bon ces discussions presque toujours amères, toujours inutiles sur la conduite de ce qu'on appelle les bonapartistes? Il y a au moins de la vanité à vouloir, par la discussion, ramener à son opinion ceux à l'opinion desquels on ne voudrait pas se rendre. Il est si peu de personnes qui aient le talent nécessaire pour le prosélitisme, que presque toujours le résultat d'une discussion politique est que les deux parties s'opiniâtrent dans leur opinion plus même qu'en commençant; heureux si la discussion, se renfermant dans les bornes que prescrit l'honnêteté, n'amène pas l'aigreur, ne dégénère pas en dispute, et ne se termine pas par des injures ou des provocations, peut-être par un combat! Parce qu'on croit avoir raison, parce qu'on se flatte d'être dans le bon parti, est-ce un motif suffisant pour espérer convertir ceux qui sont d'une opinion contraire? De deux choses l'une : ou ils sont de bonne foi, ou ils ne le sont pas.

S'ils sont de bonne foi, avez vous assez de talens, de lumières, de connaissances du cœur de l'homme pour les éclairer et leur faire voir qu'ils sont dans l'erreur? S'ils sont de bonne foi, l'aigreur, les injures, les réflexions amères et offensantes donneront-elles une conviction qu'ils n'ont pas?

S'ils ne sont pas de bonne foi, l'éloquence de Cicéron serait perdue devant eux.

Je me rappelle une circonstance qui me fait voir l'inutilité, pour ne rien dire de plus, de ces discussions. J'en avais ouvert une avec un homme que je croyais de bonne foi; beaucoup d'honnêteté, de douceur, d'esprit même dans ses répliques, me faisait croire qu'il me serait possible de l'éclairer, quand il me dit :

« Toutes vos raisons sont peut-être bonnes; » mais j'aime mieux avoir tort avec mon parti, » que raison avec le vôtre. » Je me tus, et me retirai.

Il est donc vrai que ces explications sont au moins inutiles; mais, je dis plus, elles sont dangereuses.

Combien n'a-t-on pas vu de pères se brouiller avec leurs enfans, de ménages se désunir, de familles dans la discorde par suite de ces malheureuses discussions politiques !

Si celui avec qui vous entrez en explication n'a pas assez d'esprit pour vous entendre, tout ce que vous direz ne fera sur lui aucune impression; s'il en a, il sera honteux d'être vaincu, prendra l'arme ordinaire des mauvaises causes, les injures; vous ne croirez pas devoir les supporter, vous vous aigrirez, et le moindre mal, c'est que vous vous quitterez respectivement animés l'un contre l'autre, et surtout plus obstinés dans votre opinion qu'auparavant. Voilà le résultat de votre posélitisme.

Mais, me dira-t-on, il n'est pas nécessaire de s'échauffer, de se fâcher.... Et qui vous garantit que vous serez le maître de vous contenir dans les justes bornes d'une explication sage et mesurée ? qui vous garantit que les injustes ou insolentes réflexions de votre adversaire ne vous feront pas sortir du cercle dans lequel la raison vous prescrit de vous renfermer ? Si vous me promettez de n'en pas sortir, je vous permets la discussion ; elle ne nuira pas : elle sera peut-être inutile, mais elle ne sera pas dangereuse. Ah ! ayons assez de franchise pour l'avouer, l'expérience d'ailleurs nous le prouve, cela est impossible ?

Et puis, si la discussion ne présente pas les moyens propres à éclairer, à quoi bon discuter ? Comment rappeler ces moyens sans prouver la folie des sectaires, la folie plus grande encore de leur chef.

Si nous pouvions parvenir à discuter avec calme, modération, si nos conférences pouvaient être paisibles, raisonnables, elles pourraient être moins dangereuses ; mais il existe une telle divergence dans nos opinions, nous sommes si intéressés à faire valoir la nôtre, qu'il est difficile qu'un rapprochement puisse être le résultat d'une discussion politique.

Et c'est précisément cette divergence d'opinion qui fait le danger des discussions.

Cette classe d'hommes qui sait bien qu'elle est dans l'erreur, qui s'y obstine, n'entend vos réflexions qu'avec humeur. Elle sait, elle sait bien que vous avez raison ; mais elle ne veut pas convenir qu'elle a tort. Vos discussions opèrent la conviction, elle ne sait que répondre ; elle est vaincue, elle ne peut pas se le dissimuler, elle ne veut pas l'avouer, et pour ne pas paraître avoir tort, elle cherche à faire diversion, elle profère des injures. Français, vous n'êtes pas disposés à les entendre, à les pardonner, encore moins à les souffrir, et une conversation qui a commencée dans de bonnes intentions, dégénère en une scène scandaleuse, et finit souvent par un combat.

Peut-être le bonapartiste serait-il plus méchant encore. Ne pouvant réfuter les argumens que vous lui présentez contre son idole, il les réfutera contre le Roi.... Il appliquera à Louis XVIII ce que toute l'Europe dit de Bonaparte... C'est un sacrilège... Entendrez-vous de sang froid calomnier, outrager l'objet de votre amour ? Oh, non !... Si vous consentez à pardonner des injures qui ne s'adressaient qu'à vous, pardonnerez-vous celles qui seroient dirigées contre le Roi ? Oh, non ! Et le Roi vous a-t-il chargé, vous a-t-il permis d'être son champion? Croyez-vous lui montrer votre amour et votre dévouement en tuant un de ses sujets, ou en vous faisant tuer. Oh, mes amis! assez long-temps le sang français a coulé par Bonaparte, ne le versons pas inutilement pour lui.

Mais je ne parle encore que des discussions qui ont lieu dans l'intérieur des sociétés particulières, et combien sont plus dangereuses celles qui ont lieu en public, dans un jardin public, dans un lieu public!...

Vous n'avez pu ramener dans le bon chemin le bonapartiste en particulier, n'espérez pas le ramener en public. Si l'homme aveuglé, trompé, abusé, consent à reconnaître son erreur, ce n'est pas devant le public qu'il en fait l'aveu. Une honte déplacée sans doute, mais trop ordinaire, empêchera toujours l'homme même convaincu, même persuadé, d'avouer son erreur. Nous n'aimons pas nous avouer à nous-mêmes que nous avons tort, nous aimons encore moins l'avouer aux autres; nous ne voulons pas être vaincus, pas plus par un raisonnement que par les armes, et quand nous consentons à nous rendre, nous voulons avoir l'air de nous rendre à nous-mêmes, de ne céder qu'à la force de nos propres réflexions.

C'est une faiblesse, mais voir le cœur de

l'homme, et c'est ce qui rend si difficile l'art de la discussion. L'orateur qui veut subjuger son adversaire, veut user de son avantage, il veut avoir la victoire; il serait plus sûr, il aurait du moins plus d'espérance de vaincre, s'il se bornait à jeter dans l'esprit de son adversaire le germe du raisonnement qui doit le vaincre; mais on est bien aise de faire voir ses armes, de montrer qu'on sait s'en servir; on veut avoir la victoire; on réduit son adversaire au désespoir, et au lieu de le convertir, on ne fait qu'aigrir encore le dépit qu'il a d'avoir une mauvaise cause, et son obstination.

Français, Français.... la tolérance n'est pas trop notre vertu; elle s'accorde mal avec la vivacité de notre caractère; mais ne ferons-nous rien pour le roi, pour la patrie? Nous voulons convertir les bonapartistes, l'intention est bonne; mais convertissons-nous, et nous verrons bientôt que la tolérance contribuera plus à l'avantage de notre politique, que les discussions publiques et particulières.

Quand je dis la tolérance, je ne parle que de la tolérance pour les opinions. Il n'y a que celle-là, celle pour les opinions, qui puisse nous rendre heureux, en nous donnant du calme, de la tranquillité. Le Gouvernement n'impose point de lois aux opinions. Tout homme peut avoir la sienne, dont il ne doit compte à personne, tant que la manifestation de son opinion ne trouble pas l'ordre public. Du moment où un homme agit d'après son opinion, il est soumis à la loi, si son action est contraire à la loi; mais tant que son opinion se concentre dans son cœur, que dans ses actions, dans sa conduite, il est soumis aux lois, la loi ne peut voir en lui qu'on bon citoyen. Je le plaindrai, sans lui confier aucune place; je ne le récompenserai pas, mais je ne l'accuserai pas : il doit jouir, comme tout autre citoyen, de la protection de la loi, puisque, comme tout autre, il se soumet à ce qu'elle ordonne, à ce qu'elle défend. Vouloir punir une opinion, c'est faire un crime à un homme d'avoir une fausse judiciaire, ou faux raisonnement; c'est le punir d'une erreur de la nature, d'une erreur involontaire.

Dans une de ces réactions qui eurent lieu si fréquemment dans le cours de la révolution, il y eut une assemblée générale de chaque section de Paris. Celle de la Cité se tenait dans l'église de Notre-Dame ; elle était présidée par M. Debonnières, avocat.

Un membre proposa de faire arrêter tous

ceux qui étaient connus comme Jacobins.

Cette proposition, faite de bonne foi, ne frappait, suivant l'auteur même, que ceux qui, connus comme Jacobins, avaient agi dans le sens des Jacobins. Plusieurs Jacobins furent dénoncés. C'étaient des septembriseurs, des assassins, des monstres, que la section n'avait jamais vus que dégouttant de sang, et disposés à le répandre, organisant le meurtre et le pillage, comme faisaient ordinairement les agens subalternes des Jacobins.... A leur égard la solution de la question n'était pas difficile; mais ensuite on proposa de comprendre dans la proscription ceux qui étaient connus comme Jacobins, quoiqu'on ne leur imputât aucun fait personnel de jacobinisme. Je m'opposai à l'admission de la proposition. Je fis voir qu'une opinion n'était pas un crime; qu'il était injuste de vouloir accuser un homme pour une opinion dans une révolution; que c'était vouloir imiter les Jacobins, qui disaient : « Point de salut si ce n'est pour les Jacobins; mort à tous ceux qui ne sont pas Jacobins; » que les honnêtes gens devaient signaler leur supériorité par la justice, et laisser la loi des suspects à ceux qui ne voyaient que des crimes, même dans les opinions....

Tout le monde se rangea de mon avis.

Le soir, je reçus la visite d'une douzaine de personnes que je ne connaissais pas ; c'était une députation de Jacobins , qui venaient me remercier de mon opinion. Hélas ! leur dis-je , citoyens , je vous plains d'attacher tant d'importance à une opinion si naturelle. Il me paraît que vous ne l'auriez pas eue. Non , me répondit un d'entre eux... Mais si notre parti reprend l'ascendant , je te réponds que nous l'aurons.

Le danger lui arrachait cet aveu. La révolution eût été bien moins sanguinaire , si les deux partis avaient voulu se bien pénétrer qu'une opinion n'est coupable qu'autant que sa manifestation trouble l'ordre public. Mais , en révolution , connaît-on un principe sage , et si on le connaît , veut-on s'y soumettre ? L'expérience au moins doit nous éclairer aujourd'hui.

Mais si un particulier , non content d'avoir son avis , son opinion , non content de la faire connaître , agit en conséquence , et trouble l'ordre public , ou compromet la sûreté publique , il ne faut plus voir en lui l'homme qui se contente d'avoir son opinion , c'est un perturbateur qu'il faut livrer à la justice ; mais , qui doit faire cette opération ? Ne nous y trompons pas. Un particulier qui veut faire le magistrat, qui veut se mêler de juger, même de vouloir arrêter celui qui ne pense pas ou n'agit pas à son gré, est presque aussi coupable que celui dont il blâme la conduite. Laissez, laissez agir ceux que l'autorité a choisis pour entretenir ou rétablir la paix ; prêtez-leur secours et assistance, s'ils les requièrent de vous, mais laissez-les remplir leur mission.

Si pourtant le délit est public, si publiquement il attente à la sûreté ou au repos public, alors tout citoyen est intéressé à maintenir l'ordre, et dans l'absence de ceux que la loi a investis du noble privilége d'être ses soutiens, chaque citoyen peut dénoncer à la justice, même traduire en justice celui qui, publiquement, commet un délit attentatoire au repos ou à la sûreté publique. Alors agissez comme le font les dépositaires de la force publique, agissez avec prudence et modération : souvenez-vous que vous n'êtes pas juges, que vous ne faites que suppléer les dispositaires de la force publique.

Si je blâme l'intolérance dans les opinions, quand elle se permet des discussions publiques ou privées, combien, à plus forte raison, je la blâme quand, les armes à la main, elle veut, comme Mahomet, forcer les opinions. C'est alors allumer l'horrible flambeau de la guerre civile. Jamais un citoyen ne peut être excusable de répandre dans sa patrie cet exécrable fléau, qui, armant les citoyens les uns contre les autres, les force à s'entre-égorger pour des opinions.

Ce n'est jamais l'amour de la patrie, c'est l'esprit séditieux, le désir d'exercer des vengeances particulières qui allument la guerre civile. Malédiction à ceux qui en sont les provocateurs ! Que le sang français, versé par des mains françaises, retombe sur ceux qui l'ont versé ! Paix et calme aux citoyens à qui l'amour de la patrie donne le courage de supporter ce qu'il ne dépend pas d'eux d'empêcher ! Éclairons nos concitoyens par notre exemple, et ne croyons pas les convaincre par des assassinats.

Il faut pourtant convenir que souvent un bon citoyen souffre dans ces scènes scandaleuses occasionnées par des clameurs séditieuses, ou même par des provocations bien criminelles : les horibles vociférations en faveur d'un gouvernement qui n'existe plus ; ces déclamations contre un roi dont nous n'avons jamais éprouvé que la bonté paternelle, et qui, depuis qu'il a été rendu à nos vœux, n'a été témoin que de l'ingratitude d'une partie de ses sujets, et des malheurs des autres, toutes ces scènes indécentes jettent le découragement dans l'esprit ou souffle dans nos âmes un sentiment pénible, qui, à la longue, devient insupportable : mais, considérons cependant que notre découragement ou notre fureur ne remédient à rien, et au contraire paralysent et peut-être détruisent les espérances que doit nous donner la présence du Roi.

Oui, mes chers concitoyens, ayons confiance dans celui qui seul peut guérir nos maux, et nous ramener au bonheur.

Tout le monde convient de sa capacité, de la profondeur de ses lumières, de l'étendue de ses connaissances. Son bonheur est actuellement dépendant du nôtre ; jamais il n'obtiendra le bonheur, s'il ne nous le procure pas ; il est donc bien intéressé à nous procurer ce bonheur, sans lequel le sien ne peut exister. Mais il ne peut pas faire notre bonheur malgré nous ; il faut que nous secondions ses efforts, et tout cela s'effectuera si nous avons confiance. N'avons-nous pas l'expérience ? Pendant dix mois qu'a duré l'exil de l'usurpateur, n'avons-nous pas vu la France régénérée, le com-

merce renaître, l'agriculture prospérer, les fi-
nances presque rétablies, la dette publique pres-
qu'acquittée? Tant que le Roi fut le maître d'agir,
chaque pas qu'il faisait était un pas utile pour
le bonheur de la France : aujourd'hui, les circonstances ne sont pas aussi favorables ; mais
il saura les maîtriser, si nous avons le courage
de ne pas désespérer. Il les fera tourner au
profit de la France, si nous avons confiance.

Mais je vais plus loin ; nous sommes forcés
de faire de nécessité vertu ; si nous n'avons pas
de confiance, qu'arrivera-t-il ? Les choses n'i-
ront pas plus vite, elles n'iront pas mieux, et
le défaut de confiance nous les fera paraître
plus mauvaises encore, et nous ôtera le desir
de seconder les vues paternelles du Roi.

Si nous avons confiance, nous jouirons déjà
du plaisir de l'espérance ; nous agirons dans
le sens et suivant l'impulsion que le gouvernement désire nous voir adopter, et le Roi, se-
condé par nos vœux, par nos actions, au moins
par notre silence, sortira vainqueur des em-
barras dans lesquels le retiennent des circonstances dont jamais nous n'avons eu de
pareilles.

Oui, confiance ! confiance entière au Roi !

Tolérance pour les opinions, voilà deux

choses qui successivement nous procureront le bonheur présent et à venir.

Je vous le souhaite de toute mon âme, et avec un peu de réflexion vous les aurez, puisque votre intérêt, celui de votre Roi, de votre patrie vous commandent de les avoir.

Eh! pourquoi donc n'aurions-nous pas cette confiance si nécessaire à notre bonheur? Quelques personnes mal intentionnées ou peu réfléchies font ou répètent des objections inquiétantes, j'en conviens.

Mais ont-elles assisté au conseil des princes? Ont-elles été à portée de discuter les motifs qui ont amené telle ou telle ordonnance? Et si elles ont su les discuter, ont-elles assez de lumières pour prononcer? Sont elles assez instruites pour que leur opinion, contraire à celle du conseil, puisse avoir la prépondérance? N'y a t-il pas de la vanité à prétendre critiquer ce que sans doute on ne connaît pas, et à vouloir avoir plus d'esprit que les personnes qui composent le conseil du Roi?

Le Roi, dit-on, accorde sa confiance à des personnes qui avaient celle de Bonaparte, et ces personnes sont intéressées à faire mal marcher la machine du gouvernement.

Je crois que ceux qui font cette objection

n'osent pas dire tout-à-fait ce qu'ils pensent. S'ils osaient parler franchement ils diraient : — Le Roi ne devrait employer que des gens entièrement dévoués a sa cause ; j'ai fait preuve de dévouement à la cause du Roi, il aurait dû me donner une place dans son conseil, me faire ministre, pair . . . .

Puisque, vrais royalistes, vous aimez sincèrement le Roi, vous êtes dignes d'entendre la vérité. Mais êtes-vous capables de remplir une place ? Avez-vous les talens nécessaires ? Si vous les avez, les avez-vous mis en évidence ? Avez-vous été dans le cas, par hasard ou autrement, de les faire connaître ? Le Roi ne peut pas deviner votre talent, il ne peut pas juger de vos connaissances s'il n'a pas été à même d'en juger ; il ne peut pas courir après le talent, surtout s'il trouve des gens qui ont fait leurs preuves.

Si donc ceux qui sont en place ont le talent et les connaissances nécessaires au poste où les appellent la bonté, la justice du Roi, pourquoi les déplacer ? C'est apparemment parce qu'ils étaient en place sous Bonaparte. Eh ! mais si employés par Bonaparte, ils ont réellement l'amour du Roi ; si employés par Bonaparte, ils sont honnêtes gens, faut-il destituer ces personnes-là, honnêtes, éclairées, ayant les talens nécessaires, sous le faux prétexte qu'ils ont développé leurs talens sous Bonaparte, pour mettre à leur place des gens bien royalistes, bien dévoués au Roi, bien ennemis de Bonaparte, mais qui n'ont point de talens, ou dont les talens, s'ils en ont, ne sont connus de personne, et n'ont jamais été mis en évidence?

Cette objection pourrait bien faire croire que chez plusieurs personnes leur royalisme n'est pas tout-à-fait désintéressé, mais sûrement il n'est pas assez éclairé.

D'autres font au gouvernement un crime de ce que le Roi, trop bon, disent-ils, ne punit pas comme il l'a annoncé, les auteurs des malheurs de la France.

Le Roi n'a ordonné la mise en jugement que de ceux que l'opinion publique, ou leurs propres aveux, ont signalés comme les principaux auteurs des coupables évènemens de mars 1815. Il a annoncé que les chambres décideraient quels sont les autres qui doivent être livrés à justice. D'après la charte qu'il a bien voulu donner aux Français, ces chambres représentent la nation française ; c'est donc à la nation elle-même que le Roi a déféré le soin de prononcer la mise en jugement de ceux qu'elle croirait coupables.

Si le Roi avait usé de son autorité pour mettre en jugement tous ceux qui l'ont mérité, et que les chambres y traduiront peut-être, on aurait fait au Roi un autre reproche. On l'aurait accusé d'avoir voulu venger sa propre injure, et d'avoir fait verser du sang pour punir lui-même ce qu'on aurait, dans ce cas, appelé erreur, imprévoyance. Car il y a si peu de bonne foi dans toutes les accusations, qu'on ne peut se dissimuler que ceux qui les font sont plus curieux d'accuser que d'accuser avec fondement.

Et comment ne pas voir dans ce qu'on appelle le trop de bonté du Roi, une déférence qu'il aurait pu ne pas avoir pour les représentans de la nation ? Il est le premier représentant, le représentant né de la nation. Il pouvait de son chef ordonner la mise en jugement de tous ceux qui étaient indiqués comme traîtres à la nation. Mais comme il avait dans cette cause un intérêt personnel, il a bien voulu laisser à la nation elle-même le droit et le soin de venger l'injure faite à la nation et à son Roi.

C'est de sa part une ferme confiance dans la nation, car son intérêt, à lui, lui commandait de se venger. Il est des crimes qui ne sont pas susceptibles de pardon. Il est des crimes que le repentir ne suit jamais, ou du moins, jamais on ne crois, jamais on ne dois croire au repentir de celui qui trahit sa patrie ou son Roi. Un pareil crime sort des règles ordinaires, et les Rois ne sont pas les maîtres de le pardonner, parce qu'il n'offense pas le Roi seul, mais la nation tout entière.

Il est même des cas dans lesquels le Roi ne peut, sans un grand danger pour lui et pour la nation, accorder le pardon. C'est quand le crime est le résultat d'un complot qui a de grandes ramifications, quand il tient à une révolution.

En révolution, il n'y a pas de crime qui n'ait de grandes conséquences. Louis XVI, que la France entière, que les monstres mêmes qui l'ont condamné, ont appelé le plus honnête homme de son royaume, Louis XVI avait depuis long-temps préparé le chemin qui l'a conduit à la mort par une bonté toujours déplacée en révolution. L'iniquité enhardit, c'est une maxime vraie en général; elle est bien plus vraie en révolution.

Si, lors de la séance du Jeu de Paume, Louis XVI eût agit en Roi, les factieux révoltés contre l'autorité royale, auraient payé de leur tête leur désobéissance. Si, dans les différentes occasions qui ont suivi celle-ci, Louis XVI eût développé son autorité royale, il eût évité à la

France un horrible régicide, et des flots de sang.

Louis XVI est mort sur l'échafaud, et Bonaparte vit.

Voici ce que j'ai lu dans un ouvrage imprimé en 1770.

En parcourant bien l'histoire, on trouvera plus de princes renversés du trône parce qu'ils étaient trop bons, que parce qu'ils étaient trop méchans. Les mauvais rois trouvent plus de ressources contre les complots, dans leur génie féroce, que les bons dans la justice de leur cause, et dans la fidélité de leurs sujets.... Un homme d'intrigue fait tout ce qu'il veut du peuple, sous un gouvernement mou et débonnaire. Henry VI, Roi d'Angleterre, fut le meilleur Roi qu'on pût voir.... peu s'en est fallu qu'on ne l'eût mis au catalogue des Saints.... Si au lieu de tant de vertus, Henry VI avait possédé les qualités d'un prince hardi, qui sait mettre tout en œuvre pour se faire craindre, on ne lui eût pas débauché ses sujets avec tant de facilité. S'il eût été aussi *mauvais garçon* que les chefs des rebelles, il les eût rangés à leur devoir, et il fût mort sur le trône. Au lieu de cela, on l'a vu abandonné de tout le monde, captif plusieurs fois, massacré enfin dans sa prison ... Pourquoi cela? Avait-on sujet de se plaindre

de ses violences? Nullement. Pourquoi donc?
C'est qu'il n'était armé que de ses vertus; foible
ressource dans une guerre civile...

« Pour renverser un monarque qui se fait
» craindre, il faut un orage, un ouragan : pour
» faire tomber un prince scrupuleux et débon-
» naire, il ne faut que souffler dessus. »

L'histoire de France nous apprend en effet
que c'est surtout contre les Rois bons et dé-
bonnaires qu'a été dirigé le fer des assassins.

Mais ce passage que je cite me permet de
mettre au jour une idée que j'ai depuis long-
temps.

Il y aurait eu bien moins d'émigrés, il n'y
en eût pas eu si Louis XVI leur eût permis d'employer leurs épées et leurs bras pour défendre
le Roi et la patrie. Louis XVI a paralysé leur
courage; il leur a défendu de verser le sang des
rebelles agresseurs; ils ont été obligés d'aban-
donner un pays où ils n'avaient pas d'autre es-
poir que d'être assassinés sans pouvoir se défendre.

Le Roi avait des amis qui voulaient se sacri-
fier pour lui. Bonaparte n'en avait pas, et cependant voyez combien de Français sont res-
tés attachés à la cause de l'usurpateur. Il s'étai
fait craindre.

Louis XVIII veut être aimé : il mérite de l'être ; il l'est, il ne peut pas en douter. Ne doutons pas non plus qu'il ne rende amour pour amour à ceux de ses sujets qui en sont dignes ; il apprendra aux autres que la justice d'un Roi n'est pas moins de punir le crime, la trahison, que de récompenser le zèle et le dévouement.

Espérons tout de l'heureux accord qui va régner entre le monarque et les chambres, pour le bonheur commun du Roi et de la nation.

Mais cette constitution, cette charte dont je viens de parler, est elle-même un des motifs d'inquiétude pour ces esprits que rien ne peut tranquilliser. Les uns ne veulent point de constitution, et sont fâchés que le Roi n'ait pas pris le sceptre tout-puissant avec l'axiome *si veut le Roi, si veut la loi.* D'autres qui veulent une constitution, tremblent que leur chère constitution ne soit violée.

Eh ! accordez-vous donc. Comment ceux qui ne veulent pas une constitution et qui désirent voir la monarchie absolue comme en 1780, avec l'axiome si veut le Roi, si veut la loi, ne font-ils pas attention que leur vœu est rempli, que le Roi a *voulu* la constitution, que *si veut le Roi, si veut la loi* ; que la volonté étant d'avoir une constitution, l'axiome est exécuté complètement? Ceux qui veulent une constitution ne voyent-ils pas que cette constitution existe? Que leur faut-il? Cette constitution est sans doute imparfaite. Une constitution ne peut-être bonne que quand elle est le fruit de l'expérience. Et comment pourrait-elle être bonne? Une constitution est pour un état ce qu'un régime est pour le corps de l'homme. Le régime de l'homme en bonne santé est bien différent du régime de l'homme malade.

Aujourd'hui la France est dans un état de maladie fort inquiétant. Comment donc prendre ce moment pour lui donner une constitution? Si la constitution était bonne aujourd'hui, elle serait nécessairement mauvaise quand la France sera rétablie : si elle est bonne pour ce temps-là , elle doit être mauvaise aujourd'hui.

Tout ce qu'on peut demander aujourd'hui, ce sont des bases, des principes d'après lesquels pourra un jour être arrêtée une bonne et sage constitution; c'est ce que nous avons. Mais vouloir aujourd'hui une constitution proprement dite, je crois que c'est bien impossible. Soyons patiens, soyons sages.

S'effrayer de la crainte que notre constitution ne cesse un jour d'être exécutée; c'est imiter ceux qui se rendent malheureux par la crainte seule de n'être plus un jour aussi heureux.

Je vais être plus franc; oui, dans ce moment nous ne sommes pas heureux, dans ce moment nous sommes malheureux. Mais est-ce par le fait ou par la faute du Roi? Des circonstances qu'il n'a pu prévoir ni empêcher, entravent sa volonté; mais n'est-ce pas le comble de l'injustice de lui en imputer la faute? Est-ce lui qui a réuni les armées alliées? Est-ce lui qui a nécessité l'irruption des armées alliées en France? Est-ce lui qui s'est battu, ou qui a été battu au Mont-Saint-Jean? Est-ce à lui que les alliés faisaient la guerre? Maudissons le premier auteur de ces maux, mais ne les imputons pas à celui qui a tout fait pour les adoucir, qui les partage avec nous, et dont sans doute la plus grande peine est de ne pouvoir nous en délivrer aussi promptement que le désire son amour paternel.

Ah ! si Bonaparte avait été vainqueur au Mont-Saint-Jean, serions-nous plus heureux? Il aurait demandé des secours d'hommes et d'argent, il aurait pris nos enfans; sa maudite conscription aurait enlevé notre jeunesse. Le célibat ne lui aurait pas fourni suffisamment, il aurait pris parmi les gens mariés; il lui aurait fallu les trésors du monde pour alimenter ses armées, et payer ses créatures.

Des fournisseurs se seraient peut-être enrichis, tout le reste de la France aurait été dans le deuil, dans la douleur, dans la misère, et la seule espérance de notre pauvre patrie est qu'au premier moment il aurait encore demandé de nouveaux sacrifices d'hommes et d'argent.

Ingrats que nous sommes, nous avons nos enfans, nous sommes assurés qu'ils ne seront pas employés comme *chair à canon*, et si notre fortune souffre, ce qui est vrai, n'aurait-elle pas souffert de même sous Buonaparte ? Au moins, nous avons l'espérance, et l'expérience de dix mois nous a prouvé que notre espérance ne sera pas illusoire.

Bonapartistes, s'il est encore des Français qui osent prendre ce nom, républicains, constitutionnels, royalistes, songeons que nous sommes tous Français ; songeons que le bonheur est ce que nous devons surtout ambitionner dans cette courte vie, et qu'il ne peut naître pour nous qu'au milieu du calme et de la paix, qui aujourd'hui dépend de nous.

Français, nous avons essayé depuis 25 ans

de tous les genres de gouvernemens : appelez-vous-en les différentes époques.

A la monarchie pure de 1788, a succédé la monarchie aristocratique ; mélange bizarre et incohérent de pouvoirs qui s'entre-choquaient et se sont détruits l'un l'autre.

Ensuite est venu la démagogie, qui n'a signalé son affreuse existence que par des sottises et des flots de sang , et qui enfin s'est dévorée elle-même.

A la démagogie a succédé une aristocratie polygarchique (deux mots étonnés de se trouver ensemble), dont il nous reste à peine le souvenir, et qui a renversé une poignée de factieux.

Au directoire a succédé le triumvirat ou le consulat de trois, espèce d'aristocratie en apparence, mais dans le fait véritable monarchie, puisqu le premier consul était devenu, dès en naissant, le seul maître, et que les deux autres n'étaient là que deux mannequins habillés, *ad honores*.

Le consulat de trois a engendré le consulat à vie, qui bientôt a été converti en gouvernement impérial , plus despotique que celui dé la Turquie.

. Le Ciel nous en a débarrassé, après douze ans d'esclavage, et il nous a ramené Louis-le-Désiré.

Et comme si nous n'étions pas encore en état de fixer notre opinion, le Ciel a permis que nous éprouvassions encore une cessation de la monarchie, pour passer, pendant trois mois, sous le sceptre impérial de Bonaparte.

Enfin, pour le bonheur de la France, Louis-le-Désiré est remonté sur son trône : plaise à Dieu que sa bonté nous préserve d'un autre changement !

Auquel de tous ces gouvernemens donne-rez-vous la préférence ? Quel est celui qui vous a présenté l'idée du bonheur ?

La monarchie, subordonnée à une assem-blée nationale, plus puissante que celui qu'on appelait souverain, pouvait-elle vous rendre heureux ? elle n'en avait pas le pouvoir. Les deux autorités, occupées sans cesse à se com-battre, n'avaient pas le temps de s'occuper du peuple.

Est-ce au milieu des flots de sang qui ont inondé la France, sous le règne des comités de salut public, de sûreté générale, etc. qu'a pu se montrer l'aurore du bonheur public ?

Le directoire, en tutelle sous deux chambres à qui il devait son existence , et qu'il cherchait à anéantir, avait-il assez de crédit et de force pour rien faire pour le bonheur du peuple?

Le consulat, soit de trois, soit d'un seul, était à peu près de même ; le changement n'était que dans le mot.

Mais Bonaparte s'est fait sacrer empereur des Français ; il avait assez de force pour opérer le bonheur de la France. Il en a même donné l'espérance. Beaucoup de Français ont eté assez simples pour se laisser séduire par ses promesses. Il a bientôt prouvé que le plus grand fléau que Dieu, dans sa colère, puisse donner aux peuples, c'est un roi conquérant.

Bonaparte, avec une tête volcanique, un cœur de fer, une imagination ardente, emportée, sans autre religion que le pur fatalisme, égoïste à un degré dont jamais on n'a eu d'exemple, Bonaparte aurait sacrifié la France, l'Europe, l'univers, pour satisfaire un de ses désirs. Etait-ce là l'homme qui pouvait faire le bonheur de la France ?

Il fut pourtant un temps où la France crut entrevoir l'aurore de son bonheur. C'est le jour de son mariage avec l'archiduchesse d'Autriche. Cet événement, pour lui si heureux, semblait consolider son trône ; on se flattait qu'il allait renoncer à la guerre, pour jouir, au sein d'une épouse qu'il devait adorer, des plaisirs de l'amour et de la gloire.

Vaine espérance. Depuis ce moment, il n'a marché que de fautes en fautes, de défaites en défaites ; il a perdu son épouse et son trône.

Quel beau jour pour la France, que celui où Bonaparte a été declaré déchu du trône ! Mais il y en eut bientôt un plus beau encore, c'est celui où Louis XVIII est venu combler les vœux de la France, en rentrant dans sa capitale. La France entière fut heureuse pendant dix mois ; son espérance n'a point été déçue ; pendant dix mois, chaque action du Roi ajoutait quelque chose à notre bonheur, et nous en promettait la durée.

Quel Français pourrait être assez incensé pour regretter les trois mois pendant lesquels un crêpe funèbre avait couvert la France ?

Ah ! Français, soyons de bonne foi ; abdiquons tout esprit de parti ; cherchons de bonne foi le bonheur, la tranquillité, la paix, et, de bonne foi, nous ne les trouverons qu'à l'ombre du trône.

Et puisque nous avons le bonheur de pos-

*séder notre roi, que dans l'effusion de nos cœurs nous avons appelé *le Désiré*, répétons tous le *Domine salvum*; qu'il soit dans le cœur comme dans la bouche de tous les Français.

Imprimerie de POULET, quai des Augustins, n° 9.

www.ingramcontent.com/pod-product-compliance
Lightning Source LLC
Chambersburg PA
CBHW061757060726
47597CB00007B/2977